NOTICE HISTORIQUE

SUR LA TERRE SEIGNEURIALE

ET

SUR LES SEIGNEURS

DE

SOLRE-LE-CHATEAU.

NOTICE HISTORIQUE

SUR LA TERRE SEIGNEURIALE

ET

SUR LES SEIGNEURS

DE

SOLRE - LE - CHATEAU,

Par LEBEAU (Isidore),

PRÉSIDENT DU TRIBUNAL DE PREMIÈRE INSTANCE D'AVESNES,
PRÉSIDENT DE LA SOCIÉTÉ ARCHÉOLOGIQUE DE CETTE VILLE,
MEMBRE CORRESPONDANT DU MINISTÈRE DE L'INSTRUCTION PUBLIQUE POUR
LES SCIENCES HISTORIQUES, DE LA SOCIÉTÉ DES ANTIQUAIRES DE FRANCE,
DE LA COMMISSION HISTORIQUE DU DÉPARTEMENT DU NORD,
ET DE PLUSIEURS AUTRES SOCIÉTÉS SAVANTES,

MISE DANS UN NOUVEL ORDRE ET CONSIDÉRABLEMENT AUGMENTÉE

Par MICHAUX aîné,

VICE-PRÉSIDENT DE LA SOCIÉTÉ ARCHÉOLOGIQUE D'AVESNES,
MEMBRE CORRESPONDANT DE LA COMMISSION HISTORIQUE
DU DÉPARTEMENT DU NORD, DU CERCLE ARCHÉO-
LOGIQUE DE MONS, DE LA SOCIÉTÉ
DUNKERQUOISE.

A AVESNES

CHEZ MICHAUX AINÉ, ÉDITEUR, GRAND'PLACE

M DCCC L IX

IMPRIMERIE DE E. PRIGNET, A VALENCIENNES.

EXPOSÉ PRÉLIMINAIRE.

En 1846, M. le président Lebeau a publié, dans les *Archives historiques et littéraires du nord de la France*, 3e série, tome V, pages 428 à 430, sous le titre *Solre-le-Château*, une courte notice sur cette petite ville.

Après y avoir parlé assez brièvement de la forteresse et de l'église, de l'hôtel-de-ville et de la halle, de l'hôpital et des sœurs grises du lieu, il s'est borné à signaler quelques faits historiques et à mentionner les *Pierres martines*, que l'on remarque sur le territoire, au sud de l'agglomération urbaine, et qui passent pour être des monuments druidiques.

Certes, cette notice ne manque pas d'intérêt ; mais, généralement, elle a été trouvée trop succincte : on aurait voulu que l'auteur, dont on lit toujours avec plaisir les écrits, y eût traité, avec quelque développement, tous les points saillants de l'histoire locale.

9

En vue de s'affranchir de ce reproche pour l'avenir, et au risque de tomber dans l'excès contraire, on a fait entrer, dans la nouvelle édition ci-après, de nombreuses et importantes additions.

S'appliquant notamment à la seigneurie et aux seigneurs de Solre-le-Château, ces additions contiennent beaucoup de détails intéressants et inédits, dus, la plupart, à la bienveillante coopération de M. Carpentier, intendant de M. le prince de Croy-Solre, au Rœulx.

On a reproduit, dans le nouveau travail, l'ancienne notice presque en entier, non sans l'avoir morcelée, afin d'en répartir les diverses parties selon les matières, dans le cadre adopté.

Puissent les changements apportés à l'œuvre primitive faire atteindre le but qu'on s'est proposé et ainsi satisfaire le public.

A.-J.-M.

NOTICE HISTORIQUE
SUR LA SEIGNEURIE ET SUR LES SEIGNEURS
DE
SOLRE-LE-CHATEAU.

TITRE Iᵉʳ.

LA TERRE SEIGNEURIALE DE SOLRE-LE-CHATEAU.

Chapitre Iᵉʳ.

SITUATION ET ÉTENDUE DE LA SEIGNEURIE.

La seigneurie de Solre-le-Château, composée du bourg de ce nom, auquel on adjoignit, dans le XVᵉ siècle, un petit village voisin : Épinoy, ne comprenait qu'un territoire assez restreint, aboutissant, du côté du sud, à la Haie-d'Avesnes. Il était arrosé par la Solre et par quelques autres ruisseaux moins importants, qui aidaient à la fertilisation du sol, assez généralement agreste.

L'étendue du territoire du bourg et du village adjacent, était d'environ 1513 hectares.   ]

Chapitre II.

ORIGINE, CONSISTANCE, MOUVANCE ET TITRES FÉODAUX DE LA SEIGNEURIE.

La terre de Solre-le-Château était une portion démembrée de l'ancienne seigneurie de Barbençon, dont elle relevait pour la plus grande partie.

Circonscrite dans les bornes territoriales du bourg de Solre-le-Château, cette terre consistait, en 1417, 1° « en une « maison, tour et forteresse, marescauchies, jardins, fossés « et entrepresures, » le tout au centre de cette localité ; « 2° en terres labourables, prés, bois, eaux, viviers, moulins, « tordoirs et huisines ; 3° en hommage, forage, tonlieux, « bourgeoisies, cens, rentes, dixme, terraiges ; 4° en haute, « moyenne et basse justice. » Elle était tenue en fief, de la pairie de Barbençon, pour la partie centrale, fortifiée, et les trois quarts du surplus ; et de la seigneurie d'Aymeries, pour l'autre quart.

Ce fut seulement en 1472 qu'Epinoy, l'un des arrière-fiefs de la seigneurie, y fut réuni, par suite de l'acquisition que Bauduin Ier de Lannoy, dit le Bègue, en fit alors de Jacques de Sars, chevalier, seigneur de Ressay et de Clairfayts.

A Epinoy, le possesseur avait « toute justice, droits de « chasse, de pêche et de bourgeoisie ; rentes seigneuriales,

« arrentements et cinq quartrons de prez. » C'était, on le voit, un bien faible accroissement pour le fief dominant.

Parmi les autres arrière-fiefs de la seigneurie de Solre, il s'en trouvait quelques-uns qui avaient une certaine importance : c'étaient les terres de Quiévelon, d'Ostergnies et d'Engolie.

Jusqu'en 1589, a principale partie de cette seigneurie resta dans la dépendance féodale de la pairie de Barbençon ; mais alors le roi d'Espagne, Philippe II, ayant promis à Philippe de Croy, seigneur de Molembaix, d'ériger sa terre de Solre en *comté*, pourvu qu'elle relevât directement du comté de Hainaut, celui-ci s'entendit, ce sujet, avec Robert de Ligne-Arenberg, baron de Barbençon, qui, par un acte du 19 décembre 1589, déclara faire abandon, « au profit de « S. M., comme comte de Hainaut, de la hauteur et supério- « rité que lui, Robert, avoit à cause de sa baronnie de Bar- « bençon, sur les château, maison et pourpris de Solre-le- « Château et sur les trois quarts, indivis, du surplus de la « terre et seigneurie dudit Solre, pour estre désormais tenus « en fief liége du comté de Hainaut et cour de Mons, à tel « relief qu'auparavant. »

L'érection de la terre de Solre en *comté* ne fut toutefois sanctionnée que le 19 octobre 1590, par lettres-patentes où le roi, après avoir étendu cette distinction honorifique aux hoirs, successeurs et ayant-cause, mâles et femelles, du nou- veau comte, consacra « l'union, audit comté, de la seigneu- « rie, terre et village d'Espinoy, pour être le tout tenu en un « seul fief, foi et hommage des comtes de Hainaut, à condi- « tion 1° que le comte de Molembaix, ses hoirs et succes- « seurs ou ayant-cause, comtes ou comtesses de Solre, feront « les loyauté, hommage et serment de fidélité, à cause dudit « comté, ès mains de Sa Majesté ; 2° qu'il le tiendra en un

« seul fief indivisible ; qui ne pourra être séparé, éclissé, ni
« démembré par succession, testament ou autrement ; 3°
« que le seigneur et les habitants du comté de Solre demeu-
« reront toujours sujets et obligés, envers les comtes de Hai-
« naut, à tous services, servitudes, payements de rentes et à
« tous autres droits et devoirs quelconques, tant en contri-
« butions, tailles et subsides, appellations, réformation,
« ressort et souveraineté, que toutes autres subjections
« quelconques, comme avant l'érection ; 4° que les comtes
« de Solre payeront, en cas de mort, vente ou transport, les
« mêmes reliefs et droits seigneuriaux que ci-devant, lorsque
« ladite terre était tenue de Robert de Ligne-Arenberg. »
Plusieurs années s'écoulèrent encore avant que le baron de
Barbençon se deshéritât de ces « mouvance et hommage ».
l'acte dressé en cette circonstance est du 17 décembre 1597.

Il est à remarquer que, dans l'acte du relief fait devant le
grand-bailli du Hainaut le 18 juin 1611, la seigneurie de
Solre n'est pas désignée comme un fief lige, selon son ancien
état, mais simplement comme un fief ample.

Le roi d'Espagne, Charles II, voulant récompenser les
services rendus au pays, par le comte de Solre et par ses ancêtres, érigea en *principauté*, par lettres du 4 novembre
1677, le comté de Solre, qui consistait « dans un gros bourg,
« à clocher, chasteau flanqué de tours et dépendances, une
« cense nommée la Basse-Court, prez, terres labourables,
« bois, étangs, avec haute, moyenne et basse justice, droits
« de chasse, de pêche, de bourgeoisie, charrues, bouchers,
« rewards (inspecteurs) des porcs, déchargeage des vins,
« bierres et autres boissons ; hallage, étalage, tonlieu, bâ-
« tardise, aubanité, amendes, confiscations, biens épaves et
« vacans, carrières et chauffours, rencolage (clôture d'héri-
« tages), aliénation des biens de la communauté et des par-

« ticuliers, arrentemens, morte-mains, maltotes de la ville,
« rentes seigneuriales en argent, grains et volailles ; moulins
« bannaux, dixmes de Solre, Beaurieux et Engolies, droit de
« terrage, mouvance féodale sur plusieurs fiefs ; nominations
« aux chapelles de Ste.-Catherine, fondée dans le château, et
« de St.-Nicolas, fondée dans l'hôpital du même nom. »

Chapitre III.

VALEUR ET REVENU ANNUEL DE LA SEIGNEURIE.

Jusque dans le XVIIe siècle, l'importance que la terre de
Solre-le-Château avait acquise était principalement due à sa
forteresse ; ses autres domaines n'avaient pu, jusqu'alors,
compter que pour peu à cet égard. Mais quand, sous le règne
de Louis XV, la paix eut succédé à l'état permanent de guerre
qui avait si longtemps prévalu dans le pays, il en fut tout
autrement. Le château, désormais plus onéreux qu'utile,
perdit sa prépondérance, et ce fut le tour des domaines pro-
ductifs à maintenir la seigneurie dans un rang convenable.

S'il n'est pas possible, faute de renseignemens certains,
d'indiquer la valeur, en différens temps, de la terre de Solre-
le-Château, on peut du moins préciser le chiffre de son revenu
brut pour différentes époques du XVIIIe siècle. Voici ce chiffre,
pour six années prises de loin en loin :

1741—17,615 livres hainaut.		1770—18,353 livres hainaut.	
1752—15,760	id.	1780—20,173	id.
1760—17,595	id	1790—16,511 liv. de France.

Chapitre IV.

DÉTAILS PARTICULIERS SUR LES PRINCIPALES LOCALITÉS
QUI COMPOSAIENT LA TERRE DE SOLRE-LE-CHATEAU.]

1re Section.

LE BOURG DE **SOLRE-LE-CHATEAU** ET SES DÉPENDANCES.

Ce bourg est nommé de plusieurs manières dans les anciens écrits et par les différents auteurs qui en ont parlé : *Sor, Sorre, Sorra-Castri*, 1186; *Solra-Castri*, xive siècle; *Solre-le-Castiel*, 1440; *Solre-le-Castiaul*, 1463; *Solre-le-Castiau*, 1454-1482; *Solre-le-Casteau*, 1525-1563; *Solre-le-Chasteau*, 1562-1572; *Solre-le-Château*, xviiie siècle et depuis. Pendant une partie de la révolution on l'appela *Solre-Libre*. On lui a donné le titre de *ville* depuis 1838.

§ 1.

Détails géographiques et statistiques.

Position : Solre-le-Château est situé à 12^k N. E. d'Avesnes, à 12^k N. de Trélon, à 13^k S. O. de Beaumont, et à 13^{k}5 S. E. de Maubeuge. — Latitude N., 50° 10' 37". — Longitude E., 1° 45' 15".

Territoire communal. Configuration : Il présente une figure allongée dans le sens du S. O. au N. E., et resserrée, vers le centre, entre les territoires de Clerfayts et de Lez-Fontaines. — *Terrain* : de transition. — *Altitude* : Le point le plus élevé est au hameau de l'Épine. Il offre 240^m au-dessus du niveau de la mer. — *Superficie* : 1267 hectares, dont en pâtures, prés et vergers 587, en terres labourables et jardins 363, en bois 232^h, répartis comme il suit, Bois de Nielles 199^h, bois du Chesneau 84^h, bois Madame 36^h, bosquets 13^h;

en étangs 8ʰ, enfin, en propriétés bâties et autres natures de terrain 84ʰ ; — le tout comprenant 1926 parcelles, groupées en 3 sections.

Lieux-dits : L'agglomération centrale, dont le nom a passé à toute la commune, et où sont l'église, le presbytère, l'hôtel-de-ville, la principale maison d'école, la grande place, sur laquelle donnait le château ; les hameaux dits : le *Bosquet*, au S. E. ; l'*Ecrevisse*, au N. E. ; l'*Epine*, au S. ; les moulins de *Borzies* et de la *Poulerie*.

Cours d'eau : La Solre, qui a sa source au hameau de l'Epine, et qui, après avoir traversé la route départementale, au cœur de la ville, reçoit, un peu plus bas, le ruisseau de l'Ecrevisse, puis va arroser plusieurs villages avant de se jeter dans la Sambre à Roasies ; ce ruisseau de l'*Ecrevisse*, qui naît à Beaurieux ; le ruisseau de l'*Etang du Parc*, qui va se perdre dans l'Helpe-Majeure.

Voies de communication : La route départementale nᵒ 5, d'Avesnes à Philippeville, se dirigeant de l'O. à l'E. ; les chemins de grande communication nᵒ 27, de Maubenge à Solre ; nᵒ 42, de Solre à Jeumont ; nᵒ 20 de Solre à Trélon ; 6 chemins vicinaux ordinaires ayant ensemble 6ᵏ 474, et divers chemins ruraux.

Population : au xvᵉ siècle, 91 ménages ; en 1765, 231 feux ; en 1804, 2031 habitants ; en 1806, 2041 ; en 1821, 2120 ; en 1826, 2274 ; en 1831, 2477 ; en 1836, 2539 ; en 1841, 2645 habitants, dont :

Sexe masculin.	Célibataires	733	1269	2645
	Hommes mariés	482		
	Veufs	54		
Sexe féminin.	Célibataires	800	1376	
	Femmes mariées	464		
	Veuves	112		

Dans ce nombre, il se trouvait 343 indigents secourus par le bureau de bienfaisance (1).

[

§ II.

Administration.

Autrefois régi par la coutume du Hainaut, Solre-le-Château était, avant 1790, des gouvernement, prévôté et sub-délégation de Maubeuge. Compris, cette année, dans le district d'Avesnes, il devint alors le chef-lieu d'un canton, comptant 1126 citoyens actifs et distribués en deux assemblées primaires. Il était composé de 18 municipalités, savoir:

Aibes,	Cousolre,	Lez-Fontaines,
Beaurieux,	Dimechaux,	Liessies,
Berelles,	Dimont,	Offies,
Bousignies,	Eccles,	Sars-Poteries,
Choisies,	Epinoy,	Solre-le-Château,
Clerfayts,	Hestrud,	Solrinnes.

Solre-le-Château fut maintenu, lors de la réorganisation de l'an X, comme chef-lieu d'un canton, comprenant les mêmes communes, et, de plus, celles de Barbençon, Bossus-lez-Walcourt, Erpion, Renlies et Vergnies, qui, précédemment, faisaient partie de la Belgique. En 1815, ces cinq communes furent distraites en masse du canton et même de la France, pour être réunies au royaume des Pays-Bas. Dès-lors, le canton de Solre-le-Château se trouva ramené dans les limites de 1790, qu'il conserve encore aujourd'hui. La réunion faite, en 1825, d'Offies à Dimont et d'Epinoy à Clerfayts, n'a rien changé à cet égard; seulement, au lieu de 18 com-

---

(1) Depuis lors, les recensements officiels ont donné : 1846, 2701 habitants; 1851, 2758 h.; 1856, 2740 h.   (A. J. M.)

munes, le canton n'en a plus que 16. — Solre-le-Château
formait déjà en 1186, et encore en 1790, une paroisse au
doyenné de Maubeuge, et dont la cure était à la collation
de l'abbaye de Floreffe. Cette paroisse qui, de tout temps, a
eu Beaurieux pour annexe, fut érigée, en l'an XI, en une
cure chef-lieu de décanat, dont la circonscription embrassa
tout le canton, tel qu'il avait été déterminé l'année précé-
dente. Elle s'est depuis maintenue dans ces limites, nonobs-
tant les changements survenus en 1815, et par suite desquels
l'enclave de Barbençon a été distrait du territoire français.
Patron de la paroisse : St.-Pierre. — Chef-lieu d'une per-
ception, Solre-le-Château a aussi un bureau d'enregistrement,
un bureau de poste aux lettres desservant Willies et les
communes du canton de Solre, moins Bousignies, Cousolre
et Sars-Poteries ; deux notaires, un hospice, un bureau de
bienfaisance, des écoles communales.]

§ III.

Agriculture, Industrie et Commerce.

I.

Détails divers.

Le commerce et l'industrie ont été, de tout temps, en
grande faveur à Solre-le-Château. — Au commencement du
xve siècle, il y avait, dans ce lieu, « des tordoirs et huisines. »
On voit aussi, par des actes de 1677, qu'il y avait aussi
alors, à Solre-le-Château, des carrières et des *chauffours*.
Mais l'industrie, qui, également très-ancienne, a prévalu
en cette localité, est la fabrique des serges et des grosses
étoffes de laine, qui s'y est toujours maintenue dans un
état prospère. — On y compte actuellement, — entre 4
filatures de laine, dont de.. sont mues par la vapeur, et

15 fabriques d'étoffes de laine, — 3 clouteries, 4 tanneries, une fabrique de sucre de betteraves , 2 brasseries et deux moulins à farine.]

II.

Foires et marchés.

De longue date, il existe à Solre-le-Château deux foires, l'une le 1er mars et l'autre le 1er octobre. Après avoir été tenues pendant la révolution le 11 vendémiaire et le 11 ven. tôse, elles furent confirmées, pour les premières dates, par un décret du 21 septembre 1812.

Avant 1789, il y avait à Solre-le-Château, un franc-marché, qui se tenait le 17 de chaque mois. On le maintint longtemps, mais, par une ordonnance du 20 décembre 1839, il fut décidé qu'il aurait lieu le premier mardi de chaque mois, sauf pour le mois de septembre, qu'il viendrait au second mardi, lorsque le premier de ce mois serait un mardi.

Vers le milieu du XVIIIe siècle, il n'y avait qu'un marché hebdomadaire, qui était tenu le mardi ; par la suite, l'intendant du Hainaut en institua un second pour le vendredi. Ils ont encore lieu aujourd'hui.]

§ IV.

Etablissements divers. — Monuments. — Curiosités.]

I.

L'Eglise paroissiale.

Par son architecture, l'église de Solre-le-Château paraît remonter au XVe siècle, sinon encore auparavant. L'abside, avec ses voûtes d'arêtes et ses fenêtres du style ogival primitif, semble accuser, en particulier, une plus grande ancienneté. L'église, envisagée dans son ensemble, présente un assez bel aspect, et les constructions en sont passablement conservées, bien que, enveloppée dans les flammes d'un violent incendie, l'édifice ait essuyé, le 10 mai 1611, de notables dommages, surtout dans la partie occidentale du côté de la tour, où l'on remarque encore de profondes traces du feu. Grâce à la générosité des archiducs Albert et Isabelle, qui firent don à la commune de 3000 florins ; aux libéralités de Philippe de Croy, comte de Solre, et aux sacrifices des habitants, l'église se trouva remise en état au bout de quelques années.]

On lit sur la façade de la tour, au-dessus de l'entrée du porche, le chronogramme suivant, dont la date, plus récente, se rapporte sans doute à quelque autre accident grave :

CVra MagIstratVs tVrrIs
reeDIfICata fVIt.

Cette tour, de forme quadrangulaire, bâtie en pierres bleues taillées, est surmontée d'une belle flèche octogone, garnie, à sa base, de quatre clochetons, et est terminée par une boule qui n'a pas moins de 4m 20 intérieurement, et au-dessus de laquelle s'élève la croix. Toute cette charpenterie, recouverte en ardoises, artistement conçue, habilement exécutée, est du commencement du xviie siècle, peu après l'incendie. La tour et la flèche ont ensemble 60m 23 de hauteur.

L'église paraît avoir été autrefois décorée de vitraux remarquables par la pureté du dessin, la beauté et l'assortiment des couleurs. Il n'en reste que deux, dont plusieurs pièces, brisées çà et là, ont été remplacées par du verre commun. L'un représente le *Jugement dernier* ; le sujet de l'autre est emprunté de la *Passion* (1).

_____

(1) Ces vitraux, qu'on a vus long-temps dans la chapelle de St.-Pierre, patron, ont été depuis placés au chœur et ornent les deux fenêtres les plus rapprochées du maître-autel. (A. J. J.

De riches tombeaux, élevés à la mémoire des seigneurs et dames du lieu, ajoutaient autrefois à la décoration et à l'embellissement de l'église. Mais ces monuments ont entièrement disparu : épargnés par le temps et l'incendie, ils ne purent échapper aux désastres de la révolution de 1793.

L'église ne renferme ni tableaux de grands maîtres, ni objets d'art dignes d'une mention particulière.

On remarque toutefois, en la chapelle de St.-Jacques, dans la nef latérale de droite, un autel et son rétable, qui ont un certain mérite. Ils sont entièrement en marbres de différentes couleurs. On lit sur un écusson en marbre blanc, de forme ovale, placé au milieu du rétable, au-dessous du tableau représentant ce saint apôtre, l'inscription suivante :

CETTE TABLE D'AUTEL FUT FAITE L'AN 1680 A L'HONNEUR DE ST.-JACQES, PAR LA PIÉTÉ DE JACQZ DVRTESTE ET D'ANNE DE BEHAIGNE, SA FEME, DONT LES CORPS REPOSENT DANS CETTE CHAPELLE. PRIEZ DIEV PR. LE REPOS DE LEVRS AMES.

On peut aussi citer, comme n'étant pas sans mérite, une statue en bois, du roi David, plus grande que nature, et placée comme support de la chaire de vérité. Cette statue, dont les cheveux bouclés, la barbe longue ondulant jusque sur la poitrine, les draperies bien jetées, sont profondément fouillées, a une pose naturelle, caractéristique et dénote un ciseau habile et très-exercé. Avant la révolution, elle était placée sur le jubé de l'église de Liessies. C'est la même position qu'elle alla occuper plus tard dans l'église de Solre-le-Château. Mais un jour vint où on eut l'inintelligente idée de lui faire jouer le rôle d'Atlas. Dans son attitude calme et méditative, le psalmiste ne paraît aucunement occupé de son fardeau, qui ne semble même pas lui peser. Puisse l'auteur de ce déplacement malencontreux en avoir la conscience aussi légère !

La grosse cloche placée dans la tour, et qui pèse, dit-on, 4000k, porte pour inscriptions :

ISABELLE C'EST MON NOM, EN PERFECTION BELLE,
MA VOIX RAISONNERA TOUIOURS EN FAVEUR D'ELLE.

———

NOUS AVONS ESTEZ FAISTES PAR FLORENT DELCOURT
DEMEURANT A DOUAI, L'AN 1612.

———

ALBERT ET ISABELLA-CLARA-EUGENIA, INFANTE D'ESPAGNE, ARCHIDUCQZ D'AUTRICE, DUCQZ DE BOURGOIGNE, LOTHIER, BRABANT, ETZ, COMTE DE FLANDRE, HAINAULT, ETZ, EN L'HONSEUR DE DIEU, PAR ŒUVRE DE CHARITE ET EN FAVEUR DE MONSEIGNEUR PHILIPPE DE CROY, COMTE DE SOLRE, CHLR DE L'ORDRE DE LA TOISON D'OR, GRAND ECUYER, ONT DONEZ TROIS MILLE FLORINS EN AULMOSNE POUR REDIFIER L'EGLISE DUDIT SOLRE BRUSLEE PAR FORTUNE DE FEUX ADVENU LE X DE MAY 1611. LA MEMOIRE PERPETUELLE POUR PRIER DIEU POUR LEURS AMES

Une autre cloche, très-petite, dite le *Dindin*, que l'on croit avoir été anciennement celle du beffroi, et qui se trouve actuellement dans la tour, est à citer par son ancienneté : elle fut fondue en 1260.

Il y avait de belles fondations religieuses dans l'église paroissiale de Solre-le-Château. La plupart de ses chapelles ou autels avaient des dotations plus ou moins importantes, qu'ils devaient à la dévotion des fidèles. Les seigneurs et les dames du lieu y avaient fourni une très-large part. On va rappeler quelques-unes de ces fondations.

Le grand-autel, au chœur. — Philippe de Lannoy, seigneur du lieu, par lettres du 1er août 1543, institua, pour être chantée et célébrée au grand-autel de l'église le 20 juillet de chaque année, à perpétuité, « une messe du St.-Esprit en « actions de grâces de ce que, en l'année 1543, un sem- « blable jour, Trélon et Glajon ayant esté bruslés, les habi-

« tants de Solre furent préservés de ce malheur. » Il fixa à douze sols la rétribution due pour ce service religieux, qui devait être annoncé au peuple un jour d'avance, savoir : au curé, 6 sols; 2 sols pour le diacre, autant pour le sous-diacre, et pour le clerc-marlier aussi deux sols, compris la sonnerie.

Philippe fonda encore, au même autel, pour être chantée le 15 janvier de chaque année, « une messe solennelle du « Saint nom de Jésus, à diacre et sous-diacre, avec vespres « et complies, la veille et le jour; » ordonnant qu'il serait payé pour ces offices : au curé 10 sols ; à son clerc, 4 sols ; aux diacre et sous-diacre, 4 sols, et à la fabrique, pour le luminaire, 6 sols.

La chapelle du Seigneur, au chœur. — Par des lettres du 14 août 1604, Don Diégo de Croy, marquis de Falces, établit « un cantuaire et office de six basses messes par se- « maine, » à célébrer à cette chapelle, réservant pour lui et ses hoirs, et, à leur défaut, pour le seigneur de Solre, la nomination du chapelain, chargé de réciter, à la suite de chaque messe, le *Stabat mater dolorosa*, le *De profundis*, et quelques autres prières. — Mais en 1612, Don Diégo transféra ce cantuaire, offices et prières, à l'autel privilégié de N. D.

La chapelle de Notre-Dame. — Suivant des lettres du 15 juillet 1458, Bauduin de Lannoy et sa femme, Adrienne de Berlaimont, seigneur et dame de Solre-le-Château, confirmées par Bauduin, leur fils aîné, fondèrent « en l'église paroissiale « dudit Solre, un *Salve regina* devant l'autel et imaige de « Notre-Dame, avec un verselet et collecte y servant, et un *De* « *profundis*, pour être chantés tous les jours de l'an, après « la cloche sonnée, par le curé du lieu ou son vicaire, le clerc « marlier, et deux ou trois *clerchons.* » Pour pourvoir à cette fondation, ils donnèrent, à la confrérie de N.-D., douze livres tournois, monnaie de Hainaut, de rente annuelle à prendre sur un terrage nommé *Le Francq*, sur le bois appelé *le Facril*, sur des viviers et des terres labourables, le tout situé dans la seigneurie de Solre, dont il était tenu en fief, et qui avait été acquis de Jean Lemoisne, dit de Borzies. — Le 20 septembre suivant, Willaume du Thilloel, curé de Solre, s'engagea à satisfaire à cette fondation.

Le 11 décembre 1612, Don Diégo de Croy, marquis de Falces, transféra, à l'autel privilégié de N.-D., les cantuaire, messes et prières qu'il avait instituées le 14 août 1604, à l'autel des seigneurs de Solre, dans le chœur, et attribua la collation et la provision du chapelain aux curé, bailli, receveur, mayeur et échevins du lieu.

Guillemette de Coucy, comtesse douairière de Solre, donna, à son tour, deux rentes s'élevant ensemble à 37 livres 10 sols, à la chapelle et confrérie de N.-D., pour faire dire et célébrer, à toujours, en cette chapelle, les 4 et 5 février de chaque année, pour le repos de son âme et de celle de son mari, deux obits avec vêpres, vigiles à neuf leçons, et sonneries des *grandes* cloches la veille, pendant une demi-heure.

La chapelle de Ste.-Anne. — Par des actes de janvier 1535 (n. st. 1536) et du 13 juillet 1540, Philippe de Lannoy, sgr. de Molembaix, de Solre-le-Château, etc., donna à cette chapelle divers biens et rentes pour qu'il y fût dit une messe tous les mardis, à perpétuité. Françoise de Barbençon, sa veuve, douairière de Molembaix, poursuivit cette œuvre pieuse, en augmentant encore la dotation par un acte du pénultième de décembre 1544.

Il est une autre fondation de Philippe de Lannoy qui mérite, au point de vue historique, une mention particulière. Elle date du 1er août 1543. Ce seigneur, dans ses lettres d'institution, y déclare que, tant à cause de l'affection que lui et sa femme ont pour la chapelle et la confrérie de Ste.-Anne,

erigées en l'église paroissiale de Solre, « qu'en reconnais-
« sance de la grâce que Dieu lui a accordée, ainsy qu'à ses
« subjets de la terre de Solre et de ses aultres terres ès-en-
« virons. et. les préservant des feu, courses, pillage et
« aultres malheurs de la guerre, pendant que le roy de
« France avoit son camp établi à Maroilles, tandis qu'alors
« Trélon, Glaion, Berlaymont, Aimeries et plusieurs aultres
« lieux voisins furent pris. pillez, bruslez et totalement
« détruits, » il fonde, en ladite chapelle : 1° une messe basse
qui sera dite tous les mardis, à la rétribution de 4 sous
6 deniers; 2° une messe solennelle qui sera « chantée à haute
« voix, à diacre et sous-diacre, le jour de Ste.-Anne, avec
« deux vespres. dont une la nuytie, » le tout à la rétribution
de 30 sols, dont 10 pour le curé. Philippe dota largement la
chapelle pour subvenir aux charges de cette double fondation.

Autel de N.-D.-de-Pitié en la chapelle de St.-Pierre. —
Françoise de Barbençon, dame douairière de Molembaix.
veuve de Philippe de Lannoy, seigneur de Solre, connue par
sa piété et sa bienfaisance, institua par un acte du 6 juillet
1545. une *haute* messe solennelle à dire, chaque année, le
lendemain du jour où se célébrera l'obit dudit seigneur et de
ses deux femmes. sur l'autel de N.-D.-de-Pitié, et où seront
appelées sept des plus pauvres et des plus honnêtes veuves
de Solre-le-Château. au choix du seigneur, ou, en cas d'ab-
sence, du curé. et à chacune desquelles il sera donné sept sols
sur les revenus de la chapelle de Ste-Anne. — Jean de Lannoy, sgr. de Solre. beau-fils de Françoise de Barbençon,
confirma ces dispositions.

On pourrait encore citer une foule d'autres fondations
pieuses dues à la libéralité des seigneurs et des dames de
Solre-le-Château, mais le détail mènerait trop loin.

II

Le château seigneurial et la chapelle de Sainte-Catherine.

1. — *Le Château seigneurial.*

La forteresse à laquelle Solre-le-Château doit la dernière partie de son nom a disparu, et, dans quelques années peut-être, on en reconnaîtra difficilement la place. Les murailles en ont été sapées, les tours abattues, les bâtiments démolis. On ne voit plus de traces ni du manoir du châtelain, ni des vastes constructions qui l'environnaient, à l'exception d'un reste de tour, presque à fleur de terre, misérable memento de la destruction d'une résidence féodale, auprès duquel figure, comme pour contraster ironiquement, l'étal d'un charcutier. Les fossés, comblés sur plusieurs points, ne bordent plus que les deux riantes maisons qui ont remplacé, l'une le logement du chapelain, l'autre le hangar qui servait de remise. Les murailles avaient d'un à trois mètres d'épaisseur; les tours, l'une 25, l'autre 32, la troisième 35, la quatrième 55 mètres de hauteur, et la circonférence de cette dernière était formidable. Chacune de ces tours était couverte d'un toit conique.

Le château-fort de Solre existait dans le xii᷉ siècle, non sans doute tel qu'on le voyait dans les derniers temps, mais déjà sur un pied respectable. On croit qu'il a été considérablement agrandi et fortifié dans le xiv᷉, ou plutôt dans le xv᷉ siècle, si même, alors, il ne fut pas complètement reconstruit. Ce qu'on sait de plus positif, c'est qu'il fut largement restauré après le désastre qu'il éprouva en 1473. Ce n'est du reste qu'à la longue qu'il est devenu l'une des plus fortes places de la province.

Il serait difficile de suivre, par les titres qui nous restent, les diverses transformations que le château de Solre a successivement subies. Rien n'y est assez clairement expliqué.

Toutefois, au moyen d'un titre de l'an 1417, où il est dit que le fief de Solre-le-Château consiste en « une maison, tour « et forteresse.... » on peut reconnaître que le château de cette époque, n'ayant qu'une seule tour, différait essentiellement de celui du XVIIe siècle, qui avait quatre tours. Mais quand cette importante addition a-t-elle eu lieu? On ne le sait pas : rien ne peut en effet être précisé à cet égard.

On trouve seulement, dans l'intervalle, un acte de 1611 qui mentionne « la maison, chasteau et fortresse de Solre, » mais alors la tranformation était évidemment faite : le château de 1611 ne pouvait être autre que celui de 1793.

Forcé de s'en tenir à ces simples renseignements sur la forteresse de Solre-le-Château, on va du moins indiquer, sommairement, les vissicitudes qu'elle a éprouvées dans la suite des temps.

En 1185, Bauduin V, comte de Hainaut, y mit une forte garnison pour résister à Jacques d'Avesnes et à ses alliés. — Brûlée par le connétable de St.-Pol en 1473, cette forteresse fut attaquée et prise par Turenne en 1637; pillée par le général Rose en 1651, et prise de nouveau par Turenne en 1656. — On était alors bien loin de la terrible catastrophe qui devait amener sa ruine; mais enfin le moment arriva où cette construction, d'une solidité à toute épreuve, disparut tout-à-coup, brisée par le marteau du démolisseur. C'était au fort de la révolution française.

2. — La Chapelle de Ste Catherine.

Il y avait d'ancienneté, dans l'enclos du château de Solre-le-Château, une chapelle dédiée à sainte Catherine. Elle avait été fondée par les anciens seigneurs du lieu, qui l'avaient dotée largement, en s'en conservant la collation. Mais, sur la fin du XVe siècle, par suite de la dépréciation du numéraire, la dotation se trouvant insuffisante, on se vit obligé, pour mieux assurer le service divin, de réunir plusieurs bénéfices ; ce moyen malheureusement ne remédia qu'imparfaitement au mal. Bauduin II de Lannoy, seigneur de Solre-le-Château, pensant parer à tout, donna, par lettres du 28 janvier 1498 (n. st. 1499), aux chapelles du château et de l'hôpital, plusieurs parties d'héritages de main-ferme, situées à Beugnies et provenant de la succession de la dame de Carency ou Charency. Cette libéralité permit à Bauduin de disjoindre les deux chapelles, qui étaient unies, et, par un acte du 25 mai de la même année, il en prononça la séparation, en faisant entre elles le partage des biens et des rentes qui formaient la dotation commune.

Plus tard, en 1579, Marie de Lannoy, veuve du marquis de Berghes, dame de Solre, en vue de favoriser l'établissement d'un collége dans cette localité, unit les biens de la chapelle de Ste.-Catherine à l'école publique, mais en mettant pour charge, à cette nouvelle disposition, que le maître et le sous-maître desserviraient la chapelle du château. Il est à croire que le projet, en se réalisant, ne répondit à l'attente de personne, car l'année suivante (1580), après la mort de Marie, Yolante de Lannoy, sa tante et son héritière, remit les choses sur l'ancien pied, avec l'autorisation de l'archevêque de Cambrai.

Cette chapelle eut, à la révolution, le sort des autres parties du château : elle fut démolie.

III

L'Hôtel-de-Ville.

L'hôtel-de-ville, dont les portes et les fenêtres sont à plein cintre (1) et couronnées de corniches, est composé du rez-

___

(1) Il faut toutefois excepter la porte ci-après mentionnée.

de-chaussée et d'un étage. Une halle occupe la majeure partie du rez-de-chaussée, et l'on y entre par quatre grandes portes sans fermetures. Au haut de chacune, la corniche brisée encadre la clé de la voûte. Toutes ces clés sont chargées de caractères gothiques gravés ou en relief. On remarque sur l'une le millésime de 1574; les autres contiennent de courtes sentences à l'usage des commerçants. De simples baies, figurant des fenêtres, éclairent l'intérieur de la halle, qui reçoit aussi le jour par les portes. Plusieurs piliers en soutiennent le plafond. Dans l'étage supérieur, consacré aux affaires et aux plaisirs, sont les salles de la mairie, la salle d'audience de la justice-de-paix et la salle de danse, tour à tour salle de recrutement, salle d'élections, salle de concert, salle de spectacle.

On y monte par un escalier, dont la porte rectangulaire, d'un style moderne, surmontée d'un entablement et d'une lucarne ovale, forme avec les autres parties de l'édifice, une disparate qui nuit à l'effet de l'ensemble. Cette porte a remplacé une cage d'escalier hexagone, plus en harmonie avec la façade, dans laquelle elle était engagée et dont elle occupait le milieu. — Aux huit fenêtres qui éclairaient primitivement cet étage, deux au pignon septentrional, six à la façade, il en a été ajouté une neuvième : celle qui s'ouvre sur un balcon, au-dessus de la porte de l'escalier. Chaque fenêtre de la façade a 2 m. 60 de hauteur, 1 m. 60 de largeur; chacune des quatre portes de la halle est haute de 3 m. 20, large de 2 m. 47.

IV.

L'Hôpital et la Maison-Dieu. — Le Couvent et les Sœurs hospitalières.

La fondation de l'hôpital et de la Maison-Dieu de Solre-le-Château remontait à des temps assez anciens, qu'on ne pourrait préciser. Ces asiles devaient vraisemblablement leur origine à quelques seigneurs du lieu, qui, pour perpétuer le souvenir de sa charité chrétienne, se sera réservé, pour lui et ses successeurs, la collation de la chapelle y annexée ; droit, du reste, qui a été constamment exercé dans la suite. — L'hôpital et la Maison-Dieu étaient sous l'invocation de saint Nicolas, comme la chapelle hospitalière, où s'établit plus tard une confrérie dont Adrienne de Berlaimont, dame de Molembaix et de Solre, avec l'agrément de son mari et de son fils, confirma les statuts le 10 juillet 1463.

Sur la fin du xve siècle, le même titulaire desservait, comme on l'a vu, la chapelle de St. Nicolas et celle du château ; mais bientôt, par un acte du 25 mai 1490, le seigneur de Solre-le-Château, Bauduin II de Lannoy, les rendit indépendantes l'une et l'autre, et ordonna qu'il fût dit une messe, chaque semaine, à la chapelle de St.-Nicolas.

A quelque temps de là, il y eut un notable changement dans l'organisation de la maison hospitalière de St.-Nicolas. Philippe de Lannoy, successeur de Bauduin II, son père, ayant appelé, vers 1524, pour la diriger, les sœurs grises dites de la *Celle du tiers ordre de St.-François*, leur abandonna, du moins provisoirement, les biens et revenus de l'établissement. Tout porte à croire qu'elles s'attachèrent dès lors à faire bâtir une église dans l'enclos, car on voit, par des lettres du 1er juin 1526, que ce seigneur « donna à la chapelle de « St.-Nicolas, fondée en l'église et hospital des sœurs grises « de Solre, quatre journels de terre à Frasies, et une rente « de quatre livres de vingt gros chacune, à charge par le « chapelain d'y dire une messe tous les jours, » en comptant celle qu'il y chantait déjà le dimanche.

Toutefois, l'institution des sœurs grises en ce lieu, ne fut affermie, définitive, qu'à partir de 1538. Par un compromis daté du pénultième jour de novembre de cette année, frère Jean de la Haye, ministre provincial de Flandre sur les frères de l'observance de St.-François et les sœurs du tiers-ordre de St.-François, et, en particulier, visiteur des sœurs grises de la Celle de l'hôpital de Solre, — et Philippe de Lannoy, seigneur de ce lieu, convinrent et arrêtèrent que « l'hospital et Maison-Dieu de St.-Nicolas à Solre, avec « tous les biens en dépendants, » appartiendront désormais et à toujours auxdites sœurs grises, qui resteront soumises au provincial de Flandre; « qu'elles pourront faire bastir « sur l'héritage dudit hospital, un cloître et convent suffi- « sants, sans être tenues de prendre permission de personne, « le tout à l'honneur de Dieu et de saint François; » que leur nombre pourra s'élever jusqu'à vingt, mais pas davantage; que le seigneur de Solre ne pourra « leur demander aucuns « aides, tailles, mortemains, bastardises, partages, ni autres « redevances quelconques, excepté qu'il aura les droits de « bastardise, d'aubaine et de morte-main sur ceux qui, étant « venus loger dans l'hospital pour une nuit, y mourroient; « que, à l'égard des autres qui y décéderont, le seigneur « pourra exiger le droit de meilleur-cattel, en payant à « l'hospital cent sols tournois pour chaque trépassé; que les « sœurs seront tenues de recevoir et de loger les pauvres « passants pour une nuit seulement; d'entretenir ledit hos- « pital; de faire acquitter toutes les fondations de la maison; « d'aller garder les malades dans l'étendue de la seigneurie « de Solre et d'Epinoy, pourvu qu'il reste toujours à l'hos- « pital un nombre suffisant de religieuses pour le service « intérieur, sans qu'elles puissent être obligées de soigner « les malades attaqués de lèpre, de mal-caduc, de frénésie, « de *piquettes* (petite vérole), ni les femmes en travail

« d'enfant ; enfin, qu'elles ne pourront, en aucun cas, vendre,
« aliéner, ni hypothéquer les biens de l'hospital, sans le
« consentement du seigneur de Solre. »

Peu de temps avant sa mort, Philippe de Lannoy confirma,
par lettres du 8 août 1543, ratifiées par son fils, la fondation
qu'il avait faite, en 1538, de six messes par semaine, dans la
chapelle de St.-Nicolas, à laquelle il fit de nouvelles libéralités. Il se réserva seulement, pour lui et ses successeurs, la
nomination du chapelain, qui devait tenir ses fonctions en
office et non en bénéfice; confesser les religieuses et les
malades de l'hôpital, et leur administrer les sacrements de
l'autel et de l'Extrême-Onction.

En 1604, par un acte du 14 août, Don Diego de Croy,
marquis de Falces, donna aux sœurs grises de Solre 58 livres 7 sols tournois de rente sur la *ville* de Solre, à charge
par elles de faire dire une messe de N.-D. par semaine, et de
réciter, tous les jours, le *Salve Regina*, à l'heure qui leur
conviendra.

Encore la veille de la Noël 1612, ce même seigneur paya
« aux mère, religieuses et couvent de Solre » la somme de
cinq cents florins pour nourrir, dans leur maison, une fille
paralytique toute sa vie.

Avec le temps, l'hôpital déchut et le couvent prospéra. Les
sœurs firent tellement de prosélytes, qu'elles excédèrent
bientôt le nombre fixé par l'acte constitutif.] Elles formaient,
au temps de leur suppression en 1793, une communauté de
trente religieuses. Leur maison, située à l'entrée de la rue
qui a retenu d'elles le nom de *rue des Sœurs*, est encore de-
bout, pour la plus grande partie, mais les autres édifices ont
disparu. On croit toutefois reconnaître, dans des bâtiments
existant en la rue de Liessies et appartenant à l'hospice de
Solre, qui y loge et entretient cinq vieillards, l'ancienne

Maison-Dieu, où étaient reçus les pèlerins, et sa chapelle y attenante, placée sous le vocable de saint Roch.

V

Les Pierres Martines.

Deux monolithes ayant, l'un 3 m. de hauteur, 5 m. 04 c. de circonférence, l'autre 3 m. de circonférence, et 1 m. 08 de hauteur, séparés par un intervalle de 3 m., s'élèvent en pyramides légèrement inclinées, dans une plaine, à un kilomètre de Solre-le-Château. Ces pierres, vénérées comme un monument du passage de saint Martin, et comme lui ayant servi d'appui dans une pause, sont apparemment des *menhirs*, ou un monument druidique de l'espèce de ceux qui ont conservé le nom de *Marte*, *Martel*, ou *Pierres martines*.

———————

II° Section.

LE VILLAGE D'EPINOY ET SON TERRITOIRE.

On trouve le nom de ce village écrit de plusieurs manières dans les anciens titres : *Spineto, Espinoy, Espinoi, Epinoi.*]

§ I.

Détails géographiques et statistiques.

Position : Le village d'Epinoy est situé à 13ᵏ N. E. d'Avesnes, à 12ᵏ N. de Trélon, à 1ᵏ 5 S. E. de Solre-le-Château, à 15ᵏ 5 S. E. de Maubeuge. — Latitude N., 50° 10'. — Longitude E., 1° 46' 40".

Territoire : Configuration : Il forme une sorte de triangle resserré par les territoires de Beaurieux au N. E., de Solre-le-Château au S. O., et de Clerfayts au S. — Altitude : le point le plus élevé est au N. E. du village, vers Beaurieux : il est à 224ᵐ au-dessus du niveau de la mer. — Superficie : 145 hectares 61 ares 60 centiares.

Lieux-dits : Il ne s'en trouve aucun à Epinoy, où il n'y a que l'agglomération principale dite *le Village*.

Cours d'eau : Le ruisseau d'*Epinoy*, qui se jette dans le *Rie-Ame*, l'un des cours d'eau qui donnent naissance à la *Solre*

Voies de communication : Le territoire n'est coupé que par trois chemins vicinaux et par quelques chemins ruraux.

Population : Vers 1707, 19 habitants ; vers 1765, 90, en 1806, 65 ; en 1821, 67 ; en 1831, 71 ; en 1833, 93 ; en 1841, 95 (1).

§ II.

Administration.

Epinoy, autrefois régi par la coutume du Hainaut, faisait partie, avant 1790, des gouvernement, prévôté et subdélégation de Maubeuge. Compris cette année dans le district d'Avesnes et dans le canton de Solre-le-Château, il a continué depuis à faire partie de ce canton, soit comme commune jusqu'en 1825, soit, depuis, comme dépendance de la commune de Clerfayts, à laquelle il a été rattaché par ordonnance du 2 février de ladite année.

A partir de cette époque, où il perdit son individualité communale, et en remontant à des temps bien éloignés, Epinoy a toujours eu son administration municipale. —

---

(1) En 1846, la population d'Epinoy était de 115 habitants, mais en 1851, elle était réduite à 93 et en 1856 à 92 âmes. (A. J. M.)

2

Comme aussi, de toute ancienneté, il a dû être soumis à la juridiction seigneuriale de Solre-le-Château, tant lorsqu'il faisait partie intégrante de la terre de ce nom, que quand il en relevait comme arrière-fief. — On a dit ailleurs que le petit village d'Epinoy, éclissé, à une époque reculée, de la terre de Solre, y fut réuni par suite de l'acquisition qu'en fit Baudain de Lannoy, dit le Bègue, de Jacques de Sars, chlr , seigneur de Ressay et de Clerfayts, suivant acte du 13 juin 1472.

Epinoy possédait une église ou au moins une chapelle vers le milieu du xiir siècle. On voit, en effet, d'après des titres de l'époque, que, en 1145, le chapitre de Cambrai fit don à l'abbaye de Liessies, de l'autel de *Spineto* (Epinoy). Dans le xive siècle, Clerfayts *cum Spineto* formait une paroisse du doyenné de Maubeuge, et ce n'est que depuis le rétablissement du culte que Epinoy, toujours dépendant de la succursale de Clerfayts, se trouve compris dans la circonscription du décanat de Solre-le-Château.

§ III.

Agriculture, Industrie et Commerce.

Sous ces divers rapports, on ne peut guère citer, à Epinoy, que la culture des terres, qui produisent de bons blés, de l'avoine, des plantes fourragères. L'industrie et le commerce y sont presque nuls.

§ IV.

Monuments et Curiosités.

Il n'existe rien, à Epinoy, qui soit de nature à attirer l'attention publique. La chapelle du lieu, qui accuse extérieurement une longueur de 19 m. 50 c. sur 9 m. 50 c., et, dans œuvre, une surface de 140 m. carrés, remonte néanmoins à plusieurs siècles. Une pierre placée au chevet du chœur et chargée d'un millésime, semble devoir faire rapporter à l'année 1473 la construction de cette partie de l'édifice, qui paraît être plus ancienne que tout le reste. La chapelle, dont les fenêtres appartiennent d'ailleurs au style gothique, est surmontée d'un clocheton, renfermant une petite cloche, déjà vieille, mais sans inscription.

TITRE II.

LES SEIGNEURS DE SOLRE-LE-CHATEAU.

La terre de Solre-le-Château a évidemment appartenu, à une époque fort éloignée, aux seigneurs de Barbençon, dont plus tard elle releva longtemps. Dans le XIIIᵉ siècle, elle était possédée par les châtelains de Beaumont, qui sortaient du reste de cette illustre maison.

Un des descendants de ces châtelains, Maurice de *Beaumont*, écuyer, vendit en 1417, à Jacques de Berlaimont, dit de Floyon, ce domaine de Solre, qui passa successivement dans les maisons de Lannoy, de Glimes et de Croy.

On trouvera ci-dessous la liste chronologique des seigneurs de Solre-le-Château. Il n'a été possible de la rendre complète qu'à partir du XVᵉ siècle. Pour les temps antérieurs, les seigneurs y figurent sans liaison généalogique et comme de simples jalons.

CHRONOLOGIE DES SEIGNEURS DE SOLRE-LE-CHATEAU,
avec la mention des événements et faits historiques qui se sont successivement produits dans l'étendue de la terre de ce nom.

MAISON DE BARBENÇON.

1145. — Par des lettres de cette année, le chapitre de Cambrai donna, à l'abbaye de Liessies, l'autel de *Spineto* (Epinoy) (1).

1185. — Le château de Solre, dans lequel Bauduin, comte de Hainaut, avait mis une forte garnison, résista aux attaques des forces réunies de Jacques d'Avesnes et de ses alliés.

1211. — Gislenus, châtelain de Beaumont, se montra très-généreux envers le monastère de Liessies : il lui fit donation de la dîme des villages d'Epinoy et de Foubrechies (2). Quoiqu'il n'en prenne pas le titre, tout porte à croire qu'il était seigneur de Solre-le-Château.

1243. — En novembre 1243, Bauduin, châtelain de Beaumont et sgr de Solre-le-Château, donna, de son côté à l'abbaye de Floreffe, du consentement de sa femme et de Bauduin, son fils aîné, « la dîme grosse et menue dudit Solre, « de Beaurieu, » et des autres appendances de la paroisse. Il permit en même temps aux abbé et couvent de ce monastère d'acheter, aux territoires de Solre, de Beaurieux ou d'Epinoy, quatre bonniers de terre pour y construire une

---

(1) Extr. d'un ancien *Inventaire des chartes de l'abbaye de Liessies*, ms. de la bibl. royale de Belgique, n° 7137
(2) Ibidem.

maison et d'autres édifices où ils pussent se retirer et mettre en réserve les produits de leurs dîmes; plus, « d'avoir 500 « blanches bestes, avec chevaux, 200 porcs et d'autres bêtes « jusqu'à quarante. » Ces dîmes furent rachetées au bout de deux siècles et demi, par Bauduin II de Lannoy (1).

1301. — Gérard, châtelain de Beaumont et sgr. de Solre-le-Château, ayant eu un différend avec l'abbaye d'Alne, au sujet du bois de Nielle, Philippe, comtesse de Hainaut, chargée comme arbitre de résoudre la difficulté, rendit, le lendemain du jour des 11,000 vierges, en octobre 1301, une sentence par laquelle elle adjugea la propriété dudit bois au monastère d'Alne, et au seigneur de Beaumont la haute justice dans ce bois (2).

1303. — Le même châtelain est désigné, dans un acte de 1303, sous le nom de Gérard de Barbençon.

1316 à 1417. — Plusieurs généalogistes remplissent cette période séculaire comme il suit :

Nicolas de Barbençon, sgr. de Jeumont et de Solre-le-Château, † 1316.

Alard de Barbençon, sgr. de Solre-le-Château, gouverneur du comté de Blois.

Hugues (Alias-Henri) de Barbençon, sgr. de Solre-le-Château. Il épousa Isabeau de Montigny.

Jeanne de Barbençon, dame héritière de Solre-le-Château. Elle eut pour mari Gilles de Berlaimont.

Jacques de Berlaimont, dit de Floyon, écuyer, sgr. de Solre-le-Château.

(1) *Anciennes archives de la seigneurie.*
(2) *Ibidem.*

1417. — Évidemment il y a là erreur, car Jacques de Berlaimont ne devint pas propriétaire de la terre de Solre par succession maternelle, mais bien par l'acquisition qu'il en fit, en 1417, de Meurisse de Beaumont, écuyer, l'un des descendants des châtelains de Beaumont, du nom de Barbençon.

MAISON DE BERLAIMONT.

Jacques de Berlaimont, dit de Floyon

1417. — Ce gentilhomme, conseiller du duc de Bourgogne, sgr. de Quiévelon et d'Aibes, devint ainsi, par achat, seigneur de la terre de Solre-le-Château, dont il fut adhérité, le 26 août 1417, devant les cours féodales de Barbençon et d'Aymeries.

1417-1419. — Il signa, le 1er août 1417, la promesse de mariage de Jacqueline de Bavière, et assista, le 21 septembre 1419, à une assemblée des principaux seigneurs et dignitaires du Hainaut, convoqués au sujet de la mort du duc de Bourgogne.

Il avait épousé : 1° Marie de Beaumont, dame d'Anserœul et de Fresne, morte en 1403 ; 2° Catherine de Robersart, dame de Wagnonville. Il eut, du premier lit, deux filles, et du second, Adrienne, mentionnée ci-après.

1434-1445. — Depuis longtemps déjà, Jacques avait cédé la terre de Solre à cette dernière, quand il termina ses jours, en 1445. Son corps fut enterré dans l'église de Solre-le-Château, auprès de celui de sa seconde femme, qui y reposait depuis 1439.

Adrienne de Berlaimont.

1434. — A l'occasion de son mariage avec Bauduin 1er

de Lannoy, dit le Bègue, seigneur de Lannoy et de Molembaix, chevalier de la Toison-d'Or, et gouverneur de Lille, Douai et Orchies, qui était veuf de Marie de Melle, morte en 1433. Adrienne de Berlaimont obtint de son père, suivant lettres du mardi des fêtes de Pâques, pénultième jour (30) de mars 1434, la terre et seigneurie de Solre-le-Château, pour représenter une rente de 400 livres qu'il lui avait assurée en dot en la mariant. Elle en fut mise en possession à Valenciennes le lendemain, « mercredi, dernière des festes de « Pasques, 31 mars de ladite année. »

1471. — Pendant le siége d'Amiens, en 1471, Bauduin soutint un combat singulier contre Jean de Rouvroy, sgr. de St.-Simon.

1472-1473. — Bauduin acquit de Jacques de Sars, sgr. de Ressay, 1°, le 12 juin 1472, la terre d'Epinoy, qui formait un arrière-fief de Solre-le-Château, et 2°, en 1473, la seigneurie de Clerfayts, qui était de la mouvance de l'abbaye de Lobbes.

1473. — Le château de Solre fut pris et brûlé par le connétable de St.-Pol, qui dévasta le bourg. — Bauduin assista à la fête de la Toison-d'Or tenue à Valenciennes le 1ᵉʳ mai 1473.

1474-1475. — Il mourut sur la fin de l'année 1474. Adrienne lui survécut de plusieurs années. Le 11 janvier 1476 (n. st. 1477), après avoir fait les reliefs de la terre de Solre-le-Château, elle s'en dessaisit et deshérita en faveur de Bauduin II de Lannoy, « son fils et aîné hoir masle, « pour lui et ses hoirs. » On rapporte au pénultième d'avril 1493 (1) la mort de cette dame, qui fut inhumée près de son

_____

(1) *Le Mausolée de la Toison-d'Or*, p. 17, rapporte l'épitaphe d'Adrienne, mais en indiquant, par une erreur typographique, la mort de

mari, dans le chœur de l'église paroissiale de Solre-le-Château, devant le maître-autel.

MAISON DE LANNOY.

Bauduin II de Lannoy.

1474. — Bauduin prit possession de la seigneurie de Solre-le-Château en 1474. Il fut seigneur, non-seulement de Solre, mais encore de Molembaix et de Tourcoing. Comme son père, il devint chevalier de la Toison-d'Or, et gouverneur de Lille, Douai et Orchies. Il fut aussi conseiller, chambellan et grand-maître-d'hôtel de Maximilien, archiduc d'Autriche.

1478. — Lors du baptême de Philippe, fils de l'archiduc Maximilien, cérémonie qui eut lieu à Bruges le 28 juin 1478, Bauduin, comme premier-maître-d'hôtel, fut chargé de faire part au peuple des libéralités des parrain et marraine : « il « semoit or et argent avant les rues et au travers du marché, « en très-grande abondance. »

1480. — Tandis que ce seigneur, après avoir quitté la cour du prince, « estoit retourné en son mesnaige et en son « chasteau de Sorre, murmures et détractions s'eslevèrent « contre luy en telle façon que les aucuns disoient qu'il « avoit entendement avec les François. De ces hongueries, « rumeurs et estranges langaiges fut plainement averti le « roy des Romains, tellement qu'il envoya signifier audit « seigneur que plus ne se trouvast en court, jusques à ce « qu'il y soit mandé. » Vivement blessé d'un tel procédé, il sollicita aussitôt et obtint audience du roi, à Bruxelles, pour

---

cette dame ou pénultième d'avril 1430. Il faut vraisemblablement lire 1483, comme l'indique du reste M. Goethals.

se justifier, et il fit si bien, par son beau parler, que ce souverain lui rendit ses bonnes grâces et le réintégra dans ses offices, qui lui avaient été brutalement retirés.

1493. — Selon des lettres du 10 mai 1492, Jean, abbé, et le couvent de Floreffe, en vertu d'une bulle du pape Alexandre VI, « lui vendit les dixmes grosses et menues des « paroisse et terroir de Solre, Beaurieu et Clerfay, avec tous « les cens et rentes de chapons et autres, dus à ladite abbaye « sur plusieurs héritaiges, pareillement la grange à la dixme, « située à Solre, et tout ce qui en dépend ; réservant seule- « ment le patronage et collation de l'église paroissiale de « Solre, qui demeurera perpétuellement à ladite abbaye. »

1498. — Ce seigneur, vulgairement appelé l'orateur Molembaix, à cause de son éloquence, fut envoyé par l'archiduc Philippe près du roi de France, pour lui réclamer la Bourgogne, mais sa démarche n'eut pas de succès. A son retour, il ne put pas appliquer sa devise : — Bonnes nouvelles.

1500. Bauduin acquit de Jean de Stavelle, chevalier, seigneur d'Isenghien, baron de Chaumont, qui s'en deshérita le 30 juin 1500, pour en adhériter l'acquéreur, les terres et seigneuries de Ruymont ou Reumont, de Solrinnes, de Lez-Fontaines, ainsi que le fief de Froidmanteau, situé en cette dernière commune. Il possédait déjà alors la seigneurie d'Aibes, qui était un arrière-fief de celle de Ruymond.

En avril de la même année, l'archiduc Philippe, venant de Chimay, s'arrêta à Solre-le-Château, « où il fut festoyé ; » de là il partit pour Aymeries.

1501. — Bauduin mourut à Bruges le 7 mai 1501. Son corps fut ramené à Solre-le-Château et déposé, sous un riche tombeau, dans l'église du lieu. Il avait épousé, avant 1487, Michelle d'Esne, dame de Cauroir, décédée le 22 avril 1511, et enterrée près de son mari. Ils laissèrent un fils : Philippe de Lannoy, et deux filles.

Philippe de Lannoy.

1501-1502. — Philippe de Lannoy, chevalier, sgr de Molembaix, de Tourcoing, de Solre-le-Château, etc., pair de Cambresis, chevalier de la Toison-d'Or, conseiller et chambellan de l'empereur, chef de ses finances, grand-maitre d'hôtel de Marie, reine douairière de Hongrie et de Bohême, châtelain de Vilvorde, naquit vers l'an 1487. Ce fut en 1501 qu'il hérita des biens de son père. Il fit, l'année suivante, le relief de la terre de Solre-le-Château, ainsi que de celle d'Aibes, acquise peu de temps auparavant.

1514. — On rapporte, à cette époque, la construction de la tour de l'église, dont la dépense fut acquittée, en grande partie, au moyen d'un impôt sur la bière.

1524-1528. — Philippe appela, en 1524, pour assurer le service de l'hôpital du lieu, dont la création était déjà ancienne, des sœurs grises, qu'il dota largement, mais qui n'y furent régulièrement installées qu'en 1528.

1543. — On lui devait aussi plusieurs fondations pieuses. Ainsi il institua en l'église d'Épinoy, une messe à dire tous les vendredis, en l'honneur de Notre-Dame des Sept-Douleurs, à la rétribution de 13 livres par an; — en la chapelle de St.-Nicolas, dans l'hôpital des sœurs grises, six messes par semaine, pour que le chapelain, qui était déjà tenu de célébrer une messe le dimanche, en dise une tous les jours. Mais la plus intéressante de ces fondations est celle qu'il fit par un acte du 1er août 1543. Sous l'impression des affreux désastres qui venaient d'affliger la contrée, et en particulier : Maroilles, où le roi de France avait son camp; « Trelon, « Glajon, Berlaimont, Aimeries, et plusieurs autres lieux

« voisins qui avoient été pris, pillés, bruslés et totalement
« détruits, » et en reconnaissance de ce que, par la grâce de
Dieu, la terre de Solre avait alors été préservée « des feu,
« courses, pillage et autres malheurs de la guerre, » il voulut que, désormais, il fût célébré, dans l'église paroissiale
de Solre-le-Château, outre une messe basse le mardi de
chaque semaine, — deux messes solennelles, l'une à la chapelle de Ste.-Anne, le jour de la Mère de Marie; l'autre en
l'honneur du St-Esprit, au grand autel, le 20 juillet, jour
anniversaire, où Glageon et Trelon ont été brûlés.

Philippe ne survécut guère à ce terrible évènement : il
mourut à Louvain, le 12 septembre 1543. Son corps, trans-
féré à Solre-le-Château, fut inhumé dans l'église paroissiale
de ce dernier lieu. Il avait épousé : 1° Marguerite de Bourgogne, dont il eut Jean de Lannoy, ci-après mentionné;
2° Françoise de Barbençon, qui vécut jusqu'au 25 mai 1553,
et qui lui donna une fille, Yolante de Lannoy, dont il sera
parlé ci-dessous. Françoise, après sa mort, fut déposée à
côté de son mari, dans le caveau de famille.

Jean de Lannoy.

1543. — Il succéda à son père dans les seigneuries de
Molembaix et de Solre-le-Château. Il fut chevalier de la
Toison-d'Or, conseiller et chambellan de l'empereur Charles-
Quint.

1559. Le roi Philippe II, avant de retourner en Espagne
en 1559, lui donna le gouvernement de Hainaut, dans lequel
il fut remplacé, l'année suivante, par Jean de Glimes, son
gendre.

1560. — Il mourut en cette année, ne laissant, de Jeanne
de Ligne-Barbençon, sa femme, qu'une fille qui suit.

Marie de Lannoy et Jean de Glimes.

1560-1580. — Marie de Lannoy, dame de Molembaix et de Solre-le-Château, prit alliance avec Jean VII de Glimes, marquis de Berghes, comte de Walhain, chevalier de la Toison-d'Or, conseiller et chambellan de Philippe II, roi d'Espagne, grand veneur de Brabant en 1556, gouverneur, grand-bailli et capitaine général de Hainaut en 1560, et gouverneur de Valenciennes. Ce seigneur mourut en Espagne le 22 mai 1567, sans laisser d'enfants de Marie, qui décéda à Solre-le-Château le 14 mai 1580.

1569-1576. — Dans l'intervalle de 1569 à 1576, Marie avait fait quelques acquisitions avantageuses pour la terre de Soire. Elle eut pour héritière sa tante, Yolante de Lannoy.

Yolante de Lannoy et Jacques de Croy.

1580. — Comme on vient de le voir, elle devint dame de Molembaix et de Solre-le-Château à la mort de Marie, sa nièce, en 1580.

Elle avait épousé, suivant contrat du 18 février 1560, Jacques III de Croy, chevalier, seigneur de Sempy, Tours-sur-Marne, né en 1508, fils d'Antoine de Croy, sgr des mêmes lieux, gouverneur et capitaine de la ville et du château du Quesnoy. Il était déjà veuf : 1° d'Anne de Hennin, dame de Fontaine-l'Évêque, 2° d'Anne de Hornes, dame de Pamèle et de Bermerain, avec laquelle il s'était marié en 1538.

1581-1610. — Ce seigneur fit avec Yolante, sa femme, le 29 août 1581, le relief de la terre de Solre-le-Château.

Il mourut le 7 février 1587, à l'âge de 79 ans, et eut des

fils du 3e lit, obtint les biens de sa mère avant qu'elle mourut. Elle vécut jusqu'au 5 juillet 1610.

MAISON DE CROY.

Philippe de Croy.

1587. — Aussitôt après la mort de son père, Philippe se qualifia seigneur de Molembaix et de Solre-le-Château, vraisemblablement par suite de dispositions consenties par sa mère.

1590. — Suivant des lettres-patentes données à Madrid le 19 octobre (1) 1590, Philippe II, roi d'Espagne, érigea la terre de Solre en comté, en faveur, tant de Philippe de Croy, que de ses hoirs, successeurs et ayants-cause, mâles et femelles; avec union, au comté, « de la seigneurie, terre et village d'Épinoy. »

1611. — Le comte de Solre fit, les 18 et 22 janvier 1611, le relief, devant les cours féodales de Mons et d'Aymeries, des fiefs qui formaient la seigneurie de Solre-le-château. Il est rappelé dans les dénombrements donnés, à cette occasion, que « les fiefs de Quevelon et d'Espinois et plusieurs autres « en dépendans , sont réunis au gros de la seigneurie de « Solre-le-Château. »

Le 10 mai 1611, l'église paroissiale de ce bourg fut complètement « bruslée par fortune de feux. » Les cloches fondirent dans la tour, tant fut grande la violence de l'incendie. Le comte Philippe aida puissamment à la restauration de

---

(1) D'après le *Nobiliaire des Pays-Bas*, I, 86, et le *Supplément* au même ouvrage, I. 170, ce fut le 3 novembre 1590. M. de Courcelles rapporte cette date à l'année 1582. A 1 M

l'édifice et obtint dans le même but, de la générosité des archiducs Albert et Isabelle, une « aulmosne » de 3,000 florins.

1612. — La grosse cloche du bourg a été fondue en 1612. Il en a été parlé ci-devant, titre 1er, chapitre IV, § IV, 1.

Philippe fut capitaine des archers de la garde du roi, charge qu'il alla exercer en Espagne ; grand écuyer des archiducs, conseiller d'Etat d'épée ; gouverneur, capitaine-général et grand-bailli de Tournai et du Tournaisis. Il reçut aussi l'ordre de la Toison-d'Or.

Le comte de Solre mourut en Allemagne le 4 février 1612. Comme son père, il eut trois femmes : 1° en 1582, Anne, baronne de Beauffort, en Artois, morte des suites de couches le 26 mars 1688, à Solre-le-Château, où elle fut inhumée ; 2° en 1590, Anne de Croy, marquise de Renty et de Chièvres, veuve d'Emmanuel-Philibert de Lalaing, sgr. de Condé et de Leuze ; 3° en 1609, Guillemette de Coucy, dame de Chamery et de Biez, en Artois. Il laissa de ses trois mariages de nombreux enfants, entre autres, du deuxième lit, Jean, dont l'article suit.

Jean III de Croy.

1612. — Jean III de Croy devint comte de Solre, baron de Molembaix et de Beauffort, seigneur de Condé, chevalier de la Toison-d'Or, capitaine des gardes-du-corps, dits archers, de Philippe IV, roi d'Espagne, gentilhomme de la chambre du roi catholique, et conseiller de robe courte au conseil suprême de Flandre. Né vers l'an 1591, il servit son pays dès sa jeunesse, avec honneur et distinction.

1613. — Devenu propriétaire de la terre de Solre-le-Château, il en rendit foi et hommage les 21 et 23 janvier 1613.

1631. — Il acquit le 16 juillet 1631, de Louise Ghislain,

veuve de Pierre Lebrun, qui l'avait achetée d'Albert, prince
de Barbençon et d'Arenberg, « pour elle ou pour homme de
« loi et pour s'en faire adhériter dans l'an, » la terre et seigneurie d'Eccles, tenue de la baronnie de Belœil. Elle en
avait été adhéritée par lettres du 15 juillet 1630.

Vers 1631, Jean de Croy, obtint, du roi d'Espagne, l'octroi
des moulins à vent autour de Madrid, avec le gouvernement
des mines d'or, lors de la disgrâce des frères de Carondelet,
dont Paul, l'un d'eux, était pourvu.

1637. — Turenne attaqua et prit, en 1637, le château
de Solre, quoique cette forteresse fût bien gardée et bien
défendue. Détaché à cet effet de Beaumont par le duc de
Candale, il rencontra, aux abords du bourg et retranchés
derrière des palissades et des haies, plus de 800 paysans de
la contrée, qui firent mine de lui barrer le passage. D'abord,
il sembla les mépriser : mais bientôt, repoussé par eux, il se
vit obligé de les attaquer en règle et d'employer toutes ses
forces. Ils lui opposèrent une vive résistance jusqu'à ce que,
cédant enfin à l'impétuosité des assaillants, ils lâchèrent
pied. Les troupes françaises les poursuivirent l'épée dans les
reins et entrèrent pêle-mêle avec eux dans l'enceinte du château. Cependant une partie de la garnison s'était retirée
dans la grosse tour, d'où elle se défendit avec opiniâtreté.
Mais, au bout de quelques heures, n'entrevoyant aucun
espoir de salut, la garnison se rendit à merci.

C'est là que Turenne préluda à sa renommée par un de
ces traits que Napoléon appréciait, ce me semble, quoique
un peu cavalièrement, à leur juste valeur (1), et qui au fond
attestent moins la magnanimité d'un héros que la brutalité

1 *Memorial de Sainte-Hélène*

ou la dépravation de son siècle. Quelques-uns des siens lui ayant amené une belle femme qu'ils avaient enlevée dans le saccagement, il la remit, en leur présence, à son mari, « en « lui témoignant, dit l'abbé Raguenet, qui rapporte cette « anecdote, que c'étoit à la retenue et à la discrétion de ses « soldats qu'il devoit la conservation de l'honneur de sa « femme (1). » L'action, bien que louable, n'est pourtant que celle d'un galant homme ; mais la leçon donnée aux troupes révélait la belle âme du général, qui voulait que le laboureur pût cultiver en paix son champ derrière les armées.

1638. — Jean III de Croy mourut à Madrid, vers l'année 1638 (2), et son corps fut déposé dans la chapelle de l'hôpital des Flamands. De son mariage avec Jeanne de Lalaing, qui hérita de la terre de Condé-sur-Escaut, et qu'il avait épousée le 12 juillet 1608, il eut quatre enfants, dont celui qui suit

Philippe-Emmanuel-Antoine-Ambroise de Croy.

1639. — Ce seigneur, nommé mestre-de-camp d'un régiment d'infanterie wallonne, puis capitaine d'une compagnie d'hommes-d'armes, fut grand veneur héréditaire de Hainaut ; puis, en 1638, chevalier de la Toison-d'Or. Devenu, à la mort de son père, possesseur du comté de Solre, des baronnies de Molembaix et de Beauffort, seigneur de Condé et d'autres lieux, il rendit, en 1639, les devoirs féodaux pour ces diverses terres.

(1) *Histoire du vicomte de Turenne*
(2) La plupart des auteurs rapportent mal à propos la mort de ce seigneur à l'année 1640 : puisque son fils et son successeur fit, comme héritier de son père, le relief de la terre de Solre-le-Château dès le mois de février 1639

1651. — Le général Rose, commandant de troupes allemandes au service de France, dévasta le Hainaut au commencement de 1651. Il pilla Solre-le-Château le 28 février de cette année.

1656. — Turenne prit une seconde fois le château de Solre-le-Château, avant d'aller mettre le siège devant Valenciennes.

1670. — Le comte de Solre mourut à Bruxelles, le 19 janvier 1670, et son corps fut transporté à Condé, pour être déposé dans le caveau de ses ancêtres maternels. — Il avait épousé, suivant contrat du 22 septembre 1638, Isabelle-Claire de Gand-Vilain, dont il eut huit enfants. On ne parlera que de l'aîné, qui devint comte de Solre.

Philippe-Emmanuel Ferdinand-François de Croy.

1670. — Né au mois d'octobre 1641, il hérita, au décès de son père, du comté de Solre, dont il rendit foi et hommage en janvier 1671 ; de la baronnie de Beauffort, des seigneuries de Condé, de Montigny, de Fresnes, etc. Il fut, dès lors, pair et grand-veneur héréditaire du Hainaut.

1677. — En récompense de ses services et de ceux de ses ancêtres, ce seigneur obtint, du roi d'Espagne Charles II, suivant des lettres-patentes du 4 novembre 1677, l'érection de sa terre de Solre en *principauté*, pour être tenue du comté de Hainaut « en un seul membre et plein fief ; » avec le titre de *Prince de Solre*, pour lui - et ses hoirs et successeurs, « mâles et femelles. »

1678. — Ce monarque ayant cédé au roi très-chrétien, par le traité de paix de Nimègue du 17 septembre 1678, Bavay et Maubeuge avec leurs dépendances, Solre-le-Château, qui ressortissait de cette dernière ville, se trouva ainsi incorporé au territoire français.

1686. — Le 30 mai de cette année, le prince de Solre vendit à François-Lamoral Lebrun, sgr. de la Vigne, la seigneurie de Ferrière-la-Petite, qui formait un arrière-fief de la pairie d'Avesnes.

1688. — Entré au service de France en 1688, il fut presqu'aussitôt mis à la tête d'un régiment d'infanterie wallonne, qu'il leva à ses frais, et créé chevalier des ordres du roi.

1690. — Il se trouva à la bataille de Fleurus, où il se distingua. Il repassa à Solre, où on lui présenta les vins d'honneur : son régiment y fut tout-à-fait défrayé. Il y avait alors une grande affluence de troupes dans le bourg, où, par suite de réquisitions, les communes voisines avaient apporté des lits et des matelas pour le service du coucher. — Des voitures, en grand nombre, furent aussi requises pour aller quérir des blessés à Fleurus.

1693-1702. — Nommé maréchal de camp le 30 mars 1693, le prince de Solre combattit le 28 juillet suivant à Nerwinde, où il fut blessé. Il obtint, le 5 novembre de la même année, le gouvernement de Montdidier et de Roye, avec la lieutenance générale de Picardie au pays de Santerre. Enfin en 1702, il fut promu au grade de lieutenant-général des armées du roi ; mais il ne servit plus qu'un an : 1703 fut sa dernière campagne.

Il possédait le château de l'*Ermitage*, près de Condé, qui provenait du patrimoine de son aïeule, Jeanne de Lalaing ; mais il avait un tel éloignement pour cette belle demeure, qu'il ne voulut jamais l'habiter ; il paraît même qu'il n'en passa le seuil qu'une seule fois en sa vie. Il avait pour idée fixe que sa famille se ruinerait un jour pour l'embellir. Poursuivi sans cesse par cette crainte qui l'agitait et qu'on attribuait à la prédiction d'une bohémienne, il empêchait même ses fils d'y aller, de peur qu'ils ne prissent goût à v faire des dépenses. Ces précautions n'empêchèrent pas l'Ermitage de suivre sa destinée.

1718. — Le prince de Solre mourut à Paris le 22 décembre 171. .ssant d'Anne-Marie-Françoise de Bournonville, fille ainée du prince de ce nom, qu'il avait épousée en 1672, sept enfants, entre autres celui qui fait l'objet 'e l'article .uivant.

Philippe-Alexandre-Emmanuel de Croy.

1718. — Ce seigneur, connu du temps de son père sous le nom de comte de Solre, naquit le 28 décembre 1676. A la mort de son père, il devint prince de Solre et de Mœurs, comte de Buren et de Millendonck, baron de Beauffort, seigneur de Condé, grand-veneur héréditaire du Hainaut.

Dès l'âge de treize ans, il avait embrassé la carrière des armes, qu'il avait suivie avec succès. Après avoir gagné tous ses grades sur les champs de bataille, il obtint, le 1er octobre 1718, celui de lieutenant-général. — On remarque que, dans la plupart des brevets qu'il reçut de Louis XIV, ce monarque lui donna le titre de cousin.

1723. — Doué d'une imagination ardente et d'une sensibilité exquise, qui minèrent trop tôt sa santé, il mena une vie languissante, et s'éteignit à Condé le 31 octobre 1723, âgé seulement de 46 ans.

« C'était un homme instruit, ami et protecteur des lettres et qu'on peut regarder comme le fondateur de la belle bibliothèque de l'Ermitage. Il rapporta de Paris des instruments de mathématiques, des médailles et des livres d'antiquités. » De plusieurs voyages scientifiques qu'il fit en Hollande, il ramena d'énormes caisses de livres et de tableaux.

Il n'eut de sa femme, Marie-Marguerite-Louise, comtesse

de Millendonck, décédée le 23 août 1768, et qu'il avait épousée le 16 juillet 1716, qu'un fils, son unique héritier et son successeur, à qui la fortune réservait un sort glorieux.

Emmanuel de Croy.

1723. — Emmanuel, duc de Croy, né à Condé-sur-Escaut le 23 juin 1718, devint à la mort de son père en 1723, prince de Solre, de Mœurs et du St.-Empire, comte de Buren, baron de Beauffort et de Condé, grand-veneur héréditaire du Hainaut, grand d'Espagne de première classe, et se trouva placé sous la tutelle ou garde-noble de sa mère, qui rendit, au nom de son fils, tous les devoirs féodaux auxquels il était assujetti pour les diverses terres ainsi venues en sa possession.

1727. — Le 3 juin de cette année, elle donna, toujours en la même qualité, le dénombrement de la terre de Solre-le-Château.

1736. — C'est alors que le jeune duc commença sa carrière militaire. Il entra dans les mousquetaires, et arriva, avec le temps, aux plus hauts grades.

1741. — Dans l'intervalle, il épousa Angélique-Adélaïde d'Harcourt, fille du maréchal d'Harcourt, née à Paris le 30 août 1719. La cérémonie eut lieu en cette ville le 18 février 1741.

1752. — Il fournit, le 12 juillet de cette année, un nouveau dénombrement de la principauté de Solre-le-Château.

1754-1755. — Il servit, pendant ces deux années, comme maréchal de camp au camp d'Aymeries, établi dans les plaines des alentours.

1757. — Il fut l'un des fondateurs de la compagnie d'Anzin, créée en 1757 pour la recherche et l'exploitation du charbon de terre.

1750. — Après avoir exercé pendant dix ans comme maréchal de camp dans l'armée, il fut promu, le 17 décembre 1750, au grade de lieutenant-général des armées du roi. Déjà il avait, depuis deux ans, le commandement en chef des provinces de l'Artois, de la Picardie, du Calaisis et du Boulonnais.

1763. — Emmanuel de Croy fut nommé, le 31 mars 1763, gouverneur de Condé, place dont il avait obtenu la survivance dès le 27 mars 1753.

1767-1768. — Après la mort du duc de Croy, comte du Rœulx, le prince de Solre se trouva en possession, comme aîné de sa famille, de la grandesse d'Espagne de première classe, avec le titre de *duc de Croy*. L'année suivante, dans le mois de septembre, il fut autorisé, par le roi, à porter ce titre, et il fut en même temps permis à son fils de prendre celui de *prince de Solre*.

1780. — Le duc de Croy fut nommé président de la Société royale d'agriculture, créée alors par l'intendant du Hainaut.

1783. — Il reçut, en 1783, la récompense la plus digne de ses talents, de son zèle et de sa valeur : par diplôme du 14 juin 1783, il fut élevé à la dignité de maréchal de France.

1784. — Comblé de richesses et d'honneur, il termina sa carrière si utile et si remplie, à Paris, le 30 mars 1784, laissant de sa femme, qui était morte en la même ville le 7 septembre 1744, deux enfants : Adélaïde-Louise-Angélique-Gabrielle de Croy, née le 6 novembre 1741, mariée le 20 février 1762 avec son cousin, Joseph-Anne-Auguste-Maximilien de Croy, duc d'Havré et de Croy, gouverneur de Schelestadt et député aux États-généraux; et un fils dont la notice va suivre.

Le maréchal de Croy n'était pas moins recommandable

par ses vertus que par son zèle pour le bien public. Jamais personne n'a porté plus loin le désintéressement et l'amour de la patrie. Sa bienfaisance inépuisable l'avait fait surnommer le *Penthièvre du Hainaut.*

C'est à lui que l'on doit l'*Ermitage* moderne, cette demeure princière qu'il prit « tant de soin à former et à embellir, et « qui fut l'occupation principale de toute sa vie. » Il y dépensa plus d'un million. Le bon maréchal, en rappelant que son aïeul avait souvent prédit qu'on se ruinerait pour ce château, ajoutait naïvement : *il était prophète, mon grand père!*

Anne-Emmanuel-Ferdinand-François de Croy.

1784. — Ce prince naquit à Paris le 10 novembre 1743. Connu dans sa jeunesse sous le titre de *Prince de Solre*, il entra dans les mousquetaires de la garde du roi, en 1757, et gagna tous ses grades jusqu'à ce que, en 1784, il fut nommé maréchal-de-camp.

Dans la même année, il hérita de son père la grandesse d'Espagne de première classe, et la principauté de Solre, dont il fit le relief le 5 août 1786.

1787-1791. — Il fit partie de l'assemblée des notables en 1787 et 1788, sous le nom de duc de Croy. Député aux états-généraux en 1789, par la noblesse du Hainaut, il y fut nommé vice-président de cet ordre.

Le duc émigra en 1791, et ses biens déclarés domaines nationaux, furent en grande partie vendus au profit de la république. Mais par suite du congrès de Ratisbonne, il reçut comme prince de l'empire, en indemnité pour la perte de ses possessions dans les Pays-Bas, la souveraineté de Dülmen, en Westphalie, comprenant une population d'environ 10,000 habitants. Privé de ses droits de souveraineté par l'acte de la confédération du Rhin, son fils fut placé sous celle du prince d'Arenberg. Aujourd'hui, l'un comme l'autre, ils sont sous la puissance du roi de Prusse.

1793-1794. — A partir de 1793, Solre-le-Château eut souvent à souffrir du séjour des troupes dans le pays. On se bornera à citer quelques faits : le 9 décembre de cette année, un parti autrichien arriva dans le bourg pour y faire le dégât et y tua deux habitants ; — le 1er janvier suivant, un détachement assez considérable de troupes allemandes s'y présenta et y commit de nouveaux excès ; mais le général Duhesme, alors cantonné à Sars-Poteries, prévenu à temps, se rendit en toute hâte à Solre-le-Château, avec ses troupes, qui les firent décamper, et les poursuivirent jusque sous les murs de Beaumont ; — le 23 avril, l'ennemi revint en forces, à Solre-le-Château, cette fois avec la résolution bien arrêtée de le piller et de le livrer aux flammes. Grâce à l'intervention d'un prince de la maison de Croy, qui servait dans l'état-major autrichien, le bourg échappa à l'incendie, mais il ne put être soustrait au pillage.

1803. — Le prince de Solre termina sa carrière en son château du Rœulx, le 15 décembre 1803. Sa femme, la princesse Auguste-Frédérique-Wilhelmine de Salm-Kirbourg, avec qui il s'était allié à Paris, le 26 octobre 1764, et dont il eut six fils, lui survécut jusqu'au 19 avril 1822. Les corps de ces deux époux furent transportés et enterrés à Dülmen.

————

Le duc de Croy, dont on vient de parler, étant le dernier des seigneurs féodaux de Solre-le-Château, doit naturellement en clore la liste. Cependant, comme — parmi ses descendants — il se trouve une branche dont les membres continuent toujours à être titrés : *Princes* ou *Princesses de*

Solre, et qui, ayant récupéré, vers 1806, lors de la levée du séquestre mis sur ses biens, quelques débris de l'ancienne principauté de Solre et de terres voisines, a ainsi conservé des intérêts dans le pays, il n'a pas paru hors de propos de reproduire un fragment généalogique de cette branche jusqu'à présent.

Emmanuel-Marie-Maximilien de Croy.

1803-1806. — Il était le second fils du seigneur féodal de Solre. Né le 7 juillet 1768, il fut connu dans sa jeunesse sous le nom de *Prince de Solre* C'est que de bonne heure ses parents lui destinèrent la principauté de ce nom, qui, du reste, lui fut assignée en 1788, lorsqu'il épousa sa cousine germaine, Adélaïde-Marie-Louise-Justine-Joséphine, princesse de Croy-d'Havré. Toutefois cette disposition ne devait avoir d'effet qu'après la mort de son père. Ce fut à lui que revinrent, en conséquence, les biens de famille, situés à Solre-le-Château et aux environs, et qui furent restitués dans les premières années de l'empire.

1814-1815-1842. — Plus tard, la France, après avoir longtemps triomphé, éprouva de funestes revers. A deux fois différentes, on vit les étrangers envahir et occuper le pays.

Ce fut le 8 février 1814 que les Russes arrivèrent à Solre-le-Château, où ils s'installèrent. — Un mois après, le 8 mars, un détachement de la garnison de Maubeuge alla les attaquer, mais sans grand succès. Ils finirent par se retirer.

Puis arriva 1815. Le 14 juin, Napoléon, se rendant sur la frontière, passa à Solre-le-Château, où, quelques jours après, on voyait repasser, en pleine déroute, les débris de notre armée, si fatalement défaite dans les plaines de Waterloo. Les Prussiens, qui les suivaient de près, arrivèrent à leur tour à Solre-le-Château, qu'ils traitèrent en pays conquis. Dès lors, ils frappèrent la contrée de logements militaires et de réquisitions de guerre tellement exagérées, que l'on ne put à beaucoup près y satisfaire. Sur la fin de 1813, les Russes remplacèrent les Prussiens, et, disséminés dans les villes et les campagnes, ils les occupèrent jusqu'au mois de novembre 1818. — De 1800 à 1814, le prince de Solre avait habité son château du Rœulx; mais, en 1815, ayant pris du service en France, sous Louis XVIII, il obtint aussitôt le grade de maréchal-de-camp, puis il devint successivement commissaire extraordinaire du roi dans le département de la Somme, qu'il commanda de 1818 à 1819; député en 1820, lieutenant-général des armées et capitaine de la 1re compagnie des gardes-du-corps du roi en 1823, pair de France. Il mourut le 25 janvier 1842 et sa femme le 3 septembre 1846, au château du Rœulx. Tous les deux ils furent déposés dans les caveaux de la chapelle de Bon-Vouloir, à Havré, lieu de sépulture de leur famille. Des trois enfants qu'ils eurent, il ne leur était resté qu'une fille, dont l'article va suivre.

Anne Louise-Constance de Croy.

1842-1859. — Cette princesse, unique héritière de la branche de Croy-Solre, naquit le 19 août 1789, et épousa, le 3 septembre 1810, son cousin, Ferdinand-Victurnien-Philippe-Toussaint, prince de Croy et du St.-Empire, né le 31 octobre 1791. Il commanda, en 1814, un régiment de hussards de son nom, et fut ensuite aide-de-camp du roi des Pays-Bas, commandeur de l'ordre du Lion-Belgique et général-major du même souverain. Ces deux époux habitent le château du Rœulx et ont une belle postérité.

TABLE DES MATIÈRES.